Made in the USA
Monee, IL
18 February 2022

91454708R00057